E. BEURDELEY

CHEF DE BUREAU AU MINISTÈRE DES COLONIES
CHARGÉ DE MISSION EN AFRIQUE OCCIDENTALE FRANÇAISE

LA JUSTICE INDIGÈNE

EN AFRIQUE OCCIDENTALE FRANÇAISE

MISSION D'ÉTUDES 1913-1914

Prix : **2** Francs

PUBLICATION

DU

COMITÉ DE L'AFRIQUE FRANÇAISE

21, Rue Cassette, 21
PARIS

1916

E. BEURDELEY

CHEF DE BUREAU AU MINISTÈRE DES COLONIES
CHARGÉ DE MISSION EN AFRIQUE OCCIDENTALE FRANÇAISE

LA JUSTICE INDIGÈNE

EN AFRIQUE OCCIDENTALE FRANÇAISE

MISSION D'ÉTUDES 1913-1914

PRIX : **2** FRANCS

PUBLICATION

DU

COMITÉ DE L'AFRIQUE FRANÇAISE

21, Rue Cassette, 21

PARIS

1916

LA JUSTICE INDIGÈNE

EN AFRIQUE OCCIDENTALE FRANÇAISE

MISSION D'ÉTUDES 1913-1914

I. — Aperçu des régimes qui se sont succédé jusqu'au décret du 16 août 1912.

Régime antérieur au décret du 10 novembre 1903. — L'administration de la justice fut, jusqu'en 1903, régie par des actes différents dans les diverses colonies de l'Afrique Occidentale Française.

Le Sénégal et ses dépendances étaient sous l'empire des décrets des 15 mai et 11 août 1889 et autres textes plus anciens demeurés en vigueur. La Guinée, la Côte d'Ivoire et le Dahomey, après avoir successivement fait partie du ressort de la Cour d'appel de Saint-Louis et joui d'une autonomie judiciaire correspondant à leur autonomie administrative, avaient, en dernier lieu, par décrets des 6 août 1901 et 15 avril 1902, été constitués en un ressort nouveau ayant une organisation et une législation particulières, différant sensiblement de l'organisation et de la législation propres au Sénégal.

Les inconvénients de cette dualité de régime

et de direction dans l'administration de la justice apparurent nettement au lendemain du décret du 1er octobre 1902 qui donna au gouverneur général de l'Afrique Occidentale Française, après la haute direction politique qu'il tenait des décrets des 16 juin 1895 et 17 octobre 1899, la direction administrative et financière supérieure de toutes les colonies du groupe.

L'organisation du nouveau gouvernement général formant désormais une entité homogène, il devint logique et nécessaire d'harmoniser les rouages judiciaires en tenant compte à la fois des droits de nos nationaux et de la population européenne ainsi que des besoins des populations indigènes basés sur le respect des coutumes locales en ce qu'elles n'avaient rien de contraire aux principes de la civilisation française.

Tel fut le but du décret du 10 novembre 1903 « portant réorganisation du service de la justice dans les colonies relevant du gouvernement général de l'Afrique Occidentale Française » et dont le titre IV fut entièrement consacré à la justice indigène.

Régime du décret du 10 novembre 1903. — Désormais, la justice indigène dans les territoires non compris dans le ressort des tribunaux de première instance et de la justice de paix à compétence étendue de Kayes fut administrée, à l'égard des individus non justiciables des tribunaux français, par des tribunaux de village, des tribunaux de province et des tribunaux de cercle. Le procureur général, chef du service judiciaire, avait en outre la surveillance et le contrôle des décisions rendues par ces tribunaux.

Le chef de village était investi, en matière civile et commerciale, de pouvoirs de conciliation pour le règlement de tous les litiges; ses sentences ne liaient pas les parties qui pouvaient

ϟtoujours porter leurs différends devant les tribunaux de province.

En matière de simple police, le chef de village
statuait en premier et dernier ressort sur toutes
les contraventions prévues par l'autorité administrative ou les coutumes locales et susceptibles
d'entraîner de 1 à 15 francs d'amende et de un
à cinq jours de prison.

Le tribunal de province siégeant au chef-lieu
de chaque province était composé du chef de province ou de canton, assisté de deux notables, désignés par le chef de la colonie sur la proposition
du procureur général. Dans les pays de statut
musulman, l'un des deux notables devait être un
cadi. En matière civile et commerciale, ce tribunal connaissait en premier ressort et, à charge
d'appel devant le tribunal de cercle, de tous les
litiges dont il était saisi. En matière correctionnelle, il connaissait également, à charge d'appel,
de tous les délits; il devait être saisi par les chefs
de village ou de province et, à leur défaut, par le
résident ou l'administrateur.

Le tribunal de cercle siégeant au chef-lieu de
chaque cercle était composé de l'administrateur
résident, et de deux notables nommés au commencement de chaque année par le chef de la
colonie, sur la proposition du procureur général.
Quand des musulmans étaient en cause, l'un des
notables devait être remplacé par le cadi du lieu
ou, à défaut, par un notable musulman. En
matière civile, commerciale et correctionnelle, le
tribunal de cercle connaissait de l'appel de tous
les jugements des tribunaux de province. En
matière criminelle, il connaissait de tous les
crimes; il devait en être saisi par l'administration
après instruction préalable; tous les représentants
de l'autorité étaient tenus de lui donner avis des
crimes dont ils avaient connaissance. Ses décisions prononçant une peine supérieure à cinq ans

de prison étaient soumises à l'homologation d'une chambre spéciale instituée au chef-lieu de la Cour d'appel. Cette chambre était ainsi composée : le vice-président de la Cour d'appel, président, et deux conseillers désignés au commencement de chaque année par le président de la Cour, après avis du procureur général; deux fonctionnaires nommés à la même époque par le gouverneur général, après avis du procureur général; deux assesseurs indigènes, parlant français, choisis par le président de la Chambre, sur une liste de douze notables dressée annuellement par le gouverneur général; ces assesseurs n'ayant que voix consultative.

Régime du décret du 16 août 1912. — Une expérience de neuf années démontra la nécessité d'apporter certaines modifications au décret du 10 novembre 1903 et aboutit à l'élaboration d'un acte organique, spécial cette fois : le décret du 16 août 1912 « portant réorganisation de la justice indigène en Afrique Occidentale Française ».

Cette nouvelle réglementation basée comme la précédente sur le respect des traditions et des coutumes tient compte de l'évolution de la vie sociale et des progrès réalisés; elle comporte, entre autre innovation, la représentation du statut des justiciables dans la composition du tribunal, ce qui équivaut à l'institution de tribunaux ethniques et donne aux parties des garanties plus complètes.

Les quatre degrés de juridiction précédents sont maintenus : tribunal de village; tribunal de subdivision administrative (résidence, secteur ou district); tribunal de cercle; Chambre spéciale de la Cour d'appel de l'Afrique Occidentale Française.

Tribunaux de village. — Les chefs de village n'ayant pas toujours fait un usage parfaitement

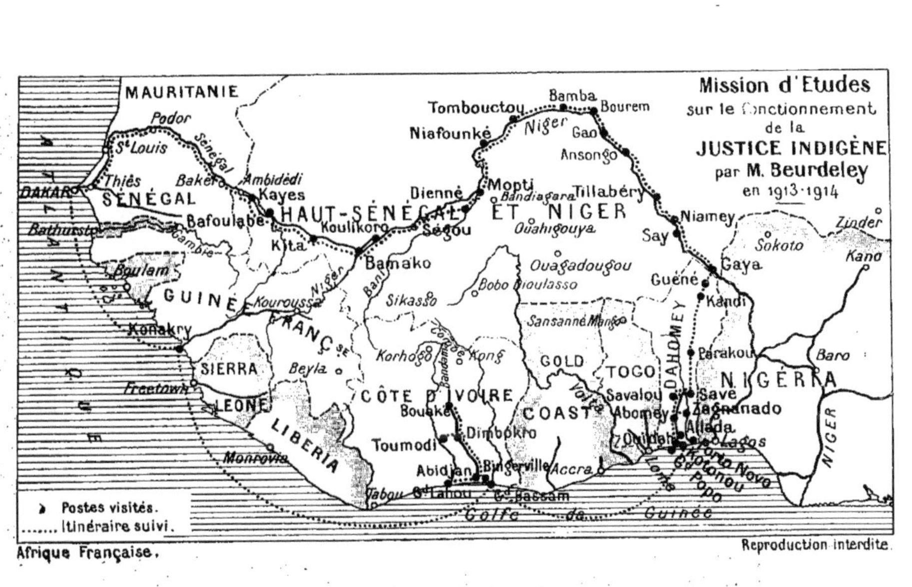

Mission d'Etudes
sur le fonctionnement
de la
JUSTICE INDIGÈNE
par M. Beurdeley
en 1913-1914
MAURITANIE
Podor
St Louis
Thiès
DAKAR
SÉNÉGAL
Bathurst
Baker
Ambidédi
Kayes
Bafoulabé
Koulikoro
Kita
HAUT-SÉNÉGAL
Ségou
Dienné
Mopti
Bandiagara
Ouahigouya
ET NIGER
Tombouctou
Bamba
Bourem
Niafounké
Niger
Gao
Ansongo
Tillabéry
Niamey
Say
Zinder
Sokoto
Kano
Boulam
GUINÉE
Kouroussa
Niger
Bamako
Bani
Bobo Dioulasso
Ouagadougou
Gaya
Guéné
Kandi
Konakry
FRANÇse
Sikasso
Sansanné Mango
DAHOMEY
Parakou
NIGERIA
Baro
SIERRA
Beyla
Korhogo
Kong
GOLD
TOGO
Savalou
Savé
NIGER
Freetown
LEONE
CÔTE D'IVOIRE
COAST
Abomey
Zagnanado
Bouaké
Voltd
Ouidah
Allada
Lagos
LIBERIA
Toumodi
Dimbokro
Porto Novo
Abidjan
Bingerville
Accra
Cotonou
Monrovia
Tabou
Gd Lahou
Gd Bassam
Petit Popo
Golfe de Guinée
Postes visités.
Itinéraire suivi.
Afrique Française.
Reproduction interdite.

équitable de leurs attributions en matière de simple police (amendes de 1 à 15 francs, emprisonnement de 1 à 5 jours), cette faculté leur a été retirée ; ils ne sont plus investis que de pouvoirs de conciliation, en matière civile et commerciale pour le règlement de tous les litiges. Leurs sentences ne lient pas les parties qui, comme dans le décret de 1903, peuvent porter leurs différends devant le tribunal de subdivision.

Tribunaux de subdivision. — **A** l'ancien « Tribunal de province » qui existait au chef-lieu de province, on a substitué un nouveau tribunal dit « de subdivision » (résidence, secteur ou district), dont chaque gouverneur fixe le siège et le ressort ; suivant l'étendue ou l'importance de la province, plusieurs tribunaux peuvent être institués pour une même subdivision.

Ce tribunal est composé d'un président et de deux assesseurs indigènes désignés par le chef de la colonie et choisis sur une liste de cinq notables indigènes au moins. Les assesseurs ont, comme le président, voix délibérative.

Le territoire militaire du Niger et la région de Tombouctou font l'objet de dispositions spéciales ; il n'a pas paru opportun de confier la présidence à des indigènes ; les tribunaux de subdivision sont, en conséquence, composés de l'adjoint au commandant de cercle pour la subdivision du chef-lieu de cercle, et, pour les autres subdivisions, du chef de subdivision, président, assisté de deux assesseurs pris sur une liste de huit notables choisis par moitié, parmi ceux des tribus sédentaires et ceux des tribus nomades.

Dans l'un et l'autre cas, si l'adjoint au commandant de cercle ou le chef de subdivision sont absents ou empêchés, la présidence du tribunal de subdivision est exercée par un fonctionnaire ou agent européen désigné par le commandant de cercle sous réserve de l'approbation du commandant de territoire ou de région.

Les assesseurs entrant dans la composition des tribunaux de subdivision du territoire militaire du Niger et de la région de Tombouctou ont seulement voix consultative ; ils sont obligatoirement consultés et mention en est faite dans le jugement, à peine de nullité.

Les gouverneurs et les commissaires du gouvernement général en Mauritanie et dans le territoire militaire du Niger peuvent, au besoin, constituer, pour un groupement ethnique et une région déterminée, des tribunaux spéciaux qui connaissent : en matière civile et commerciale, des litiges, où soit toutes les parties en cause, soit le défendeur seulement appartiennent audit groupement ; en matière répressive, des infractions à la charge des prévenus appartenant exclusivement audit groupement.

Le tribunal de subdivision connaît, en matière civile et commerciale, en premier et à charge d'appel devant le tribunal de cercle, de tous les litiges dont les parties le saisissent. Le délai pour interjeter appel est d'un mois à compter du jour du prononcé du jugement lorsqu'il est contradictoire. En matière répressive, le tribunal de subdivision connaît, à charge d'appel devant le tribunal de cercle, de tous les faits punissables à l'exclusion des infractions réservées au tribunal de cercle, le droit d'appel est également ouvert au commandant de cercle

Tribunaux de cercle. — La composition du tribunal de cercle est restée la même : le commandant de cercle, président ; deux assesseurs indigènes désignés par le chef de la colonie et choisis sur une liste de quatre notables ; ils ont voix consultative.

En matière civile et commerciale, le tribunal de cercle connaît de l'appel de tous les jugements

des tribunaux de subdivision. **En matière répres-**
sive, il connaît de l'appel des jugements des tribunaux de subdivision et de tous les crimes.

Le décret du 16 août 1912 a apporté à ce point
de vue certaines précisions qui manquaient à
celui du 10 novembre 1903. Sont notamment qualifiés crimes désormais : les attentats à la vie hu-
maine et les coups, blessures ou violences susceptibles d'entraîner la mort; les faits de pillage en
bande et à main armée; les incendies volontaires;
les rapts, enlèvements et séquestration de per-
sonne; les empoisonnements de puits, de citernes,
sources et eaux potables; les mutilations.

La compétence en matière répressive a été sensiblement augmentée, elle s'étend aux délits ci-
après : faits de traite prévus et punis par le décret
du 12 décembre 1905; infractions commises par
les agents indigènes de l'autorité ou contre ces
agents dans l'exercice de leurs fonctions; infractions commises par les militaires indigènes de
complicité avec d'autres indigènes non militaires;
usurpations de fonctions ou de titres, du port
illégal, dans un but délictueux, de costumes ou
insignes réservés aux agents de l'autorité publique; infractions spéciales prévues et punies
par les règlements de l'autorité publique; infractions commises au préjudice de l'Etat, de la colonie ou d'une administration publique.

Tous ces actes, à part les faits de traite, étaient
précédemment déférés aux tribunaux de province.
Les mœurs encore primitives des juges indigènes
ne leur permettaient pas toujours d'apprécier
toute la gravité de semblables délits et de sévir
avec impartialité; ces délits sont aujourd'hui ré-
primés d'une manière plus équitable.

Chambre d'homologation. — Le décret de 1912
a apporté les modifications ci-après à la composition de la Chambre spéciale de la Cour d'appel
appelée à statuer sur l'homologation ou l'annu-

lation des jugements des tribunaux indigènes qui ne sont d'ailleurs pas susceptibles de pourvoi en cassation. La présidence, au lieu d'être confiée au vice-président de la Cour d'appel, est confiée à un conseiller. En plus des deux conseillers titulaires, il a paru utile de nommer à la fin de chaque année, pour l'année suivante, deux conseillers suppléants; ils sont désignés par le président de la cour, après avis du procureur général. Deux fonctionnaires membres suppléants sont aussi désignés en même temps que les deux fonctionnaires membres titulaires de la Chambre. Rien n'a été changé pour la désignation des deux assesseurs indigènes parlant français.

En plus de son droit d'homologuer les jugements des tribunaux de cercle prononçant des peines supérieures à cinq ans de prison, la Chambre d'homologation a vu sa compétence étendue aux jugements des mêmes tribunaux prononçant condamnation pour les infractions au décret du 12 décembre 1905 relatif à la répression de la traite et aux jugements condamnant des fonctionnaires ou agents indigènes de l'administration à une peine supérieure à six mois de prison ou à 500 francs d'amende.

En outre, le procureur général peut déférer à la Chambre spéciale, par la voie du pourvoi d'office en annulation, tous les jugements rendus en matière répressive par les tribunaux de subdivision et les tribunaux de cercle.

Sans entrer dans de plus amples détails, que ne comporterait pas le cadre de cette étude, on peut, en dehors de la composition même des tribunaux, résumer ainsi les principales modifications apportées par le décret du 16 août 1912 dans le fonctionnement de la justice indigène :

Suppression du rôle répressif des tribunaux de village, délimitation mieux déterminée de la compétence respective des tribunaux de subdivision et des tribunaux de cercle; la connaissance de certains délits, relevant jusqu'ici des tribunaux de subdivision, donnée en raison de leur gravité même aux tribunaux de cercle; extension de la compétence de la chambre d'homologation; représentation du statut des justiciables au sein des tribunaux; établissement de la prescription en matière civile et commerciale, inconnue jusqu'alors des coutumes indigènes; droit d'appel ouvert au commandant de cercle en matière répressive; obligation sous peine de nullité d'aviser le prévenu, en matière criminelle, qu'il a le droit de se faire assister à l'audience d'un défenseur choisi par lui parmi ses parents ou les notables du lieu de son domicile dont la qualité aura été reconnue par le tribunal; la possibilité, en matière civile et commerciale, pour les Européens et les indigènes, de porter, d'un commun accord, leurs litiges devant la juridiction indigène.

*
* *

Depuis la promulgation du décret du 16 août 1912, deux actes nouveaux sont venus en modifier ou compléter les articles 2 et 38.

L'article 2 définissait la qualité des justiciables; il était ainsi conçu :

Sont indigènes, dans le sens du présent décret, et justiciables des juridictions indigènes, les individus originaires des possessions françaises de l'Afrique Occidentale Française, de l'Afrique Equatoriale Française et des possessions étrangères comprises entre les territoires qui n'ont pas dans leur pays d'origine le statut des nationaux européens.

La preuve de l'existence du statut invoqué incombe à l'intéressé.

Il en résultait que les Sénégalais des quatre communes de plein exercice (Saint-Louis, Dakar, Gorée, Rufisque) seraient désormais soumis à la règle commune à tous les indigènes de l'Afrique Occidentale Française avec toutefois le bénéfice de la juridiction française dans le ressort des tribunaux de première instance de Dakar et de Saint-Louis. Or, jusque-là la tradition avait fait considérer cette catégorie de Sénégalais comme assimilés à des citoyens français principalement en considération de ce qu'ils sont représentés au Parlement par un député (1). Emus à l'idée de ne plus être soumis, dès qu'ils auraient quitté le territoire de leur commune, aux règles de droit dont ils bénéficiaient précédemment, les intéressés attirèrent sur la situation nouvelle qui leur était créée l'attention des pouvoirs publics.

En raison de la situation de fait antérieure au décret et du dévouement à la cause française manifesté de tout temps par cette catégorie d'indigènes, il apparut qu'il serait équitable de leur donner satisfaction et c'est ainsi qu'est intervenu le décret du 9 mars 1914. Le texte de l'article 2 du décret de 1912 a été conservé intact, mais complété de la manière suivante :

Toutefois, les indigènes nés dans l'une des quatre communes constituées du Sénégal (Saint-Louis, Dakar, Gorée, Rufisque) sont justiciables des tribunaux français dans toute l'étendue de cette colonie, ainsi que dans le ressort des tribunaux de 1re instance de Conakry, Grand-Bassam, Cotonou et des justices de paix à compétence étendue de Kayes, Bamako, Kankan et Boké, tel qu'il sera déterminé à leur égard par arrêté du gouverneur général pris conformément à l'article 9 du décret du 10 novembre 1903.

La preuve de l'existence du statut invoqué ou de la naissance dans l'une des quatre communes du Sénégal

---

(1) C'est d'ailleurs dans le même ordre d'idées qu'a été votée la récente loi du 19 octobre 1915, soumettant aux obligations militaires prévues par les lois de 1905 et de 1914 les Sénégalais des quatre communes de plein exercice.

incombe à l'intéressé. Le justiciable qui n'aura pas, dès le début de l'instance, excipé de la cause exceptionnelle qui le soustrait à la juridiction d'un tribunal indigène ne pourra pas attaquer de ce chef la validité du jugement rendu par ce tribunal.

L'article 38 du décret de 1912 avait prévu que la contrainte par corps pourrait être exercée en matière civile et commerciale en application des coutumes locales, ainsi qu'en matière répressive pour le recouvrement des amendes et des frais. Il était stipulé en outre que le gouverneur général fixerait par arrêté pris en conseil de gouvernement ou en commission permanente, après avis des lieutenants-gouverneurs et du procureur général, chef du service judiciaire, les limites dans lesquelles elle s'exercerait sans pouvoir, en aucun cas, excéder deux années. Cet arrêté a été pris à la date du 10 août 1915.

II. — Mise en vigueur du Décret du 16 août 1912.
Enquête sur son application.

Promulgué dans la colonie le 17 septembre 1912, le décret fut aussitôt mis en vigueur. Au bout de quelques mois, certaines difficultés d'exécution ayant été révélées dans la pratique, M. le gouverneur général de l'Afrique occidentale fit préparer des instructions très précises dans lesquelles chaque article est commenté, chaque disposition clairement interprétée; ce document très complet est suivi d'un formulaire de 13 modèles de jugements qui facilite singulièrement la tâche des commandants de cercle.

Les instructions, parues le 22 septembre 1913, devaient permettre désormais une application correcte et régulière du décret. En même temps qu'il les faisait distribuer, M. le gouverneur

général Ponty me chargeait de procéder sur place
à une enquête sur les premiers résultats du nouveau régime.

*
* *

Devant me mettre en route fin novembre 1913
pour être de retour à Dakar en juin 1914, époque
de ma rentrée en France, je n'avais devant moi
qu'une période de 7 à 8 mois manifestement in-
suffisante pour parcourir toutes les colonies du
groupe. Usant de la latitude qui m'avait été
laissée d'organiser moi-même mon itinéraire, je
résolus de visiter le plus grand nombre possible
de cercles des colonies du Haut-Sénégal-Niger,
du territoire militaire du Niger, du Dahomey et
de la Côte d'Ivoire, colonies les plus éloignées,
considérant que, pour l'achèvement de l'enquête
commencée, il serait toujours plus facile d'en-
voyer en temps opportun un autre fonctionnaire
dans les colonies du Sénégal, de la Mauritanie et
de la Guinée qui sont aux portes de Dakar et peuvent d'ailleurs être visitées en plusieurs voyages
successifs de courte durée.

Parti de Dakar le 23 novembre 1913 par le chemin de fer de Dakar à Saint-Louis et après un
court séjour dans cette dernière ville, je m'em-
barquais le 26 à bord du monoroue *Sikasso* en
compagnie de M. Clozel, aujourd'hui gouverneur
général de l'Afrique Occidentale Française, qui,
après avoir assisté à la session de novembre du
Conseil de gouvernement à Dakar, rejoignait la
colonie du Haut-Sénégal-Niger dont il était alors
le chef. Le cliché ci-contre représente le pont
du *Sikasso* avec le gouverneur et ses hôtes ; à
gauche : M. Clozel, M. l'administrateur adjoint
Vollant ; à droite : la charmante Mme de Saint-
Mart, et son mari, administrateur adjoint ; dans
le fond : M. Lestonnat, président de la Chambre
de Commerce de Bamako.

En raison de la baisse prématurée des eaux, nous avons dû accélérer notre voyage, tenant à éviter le transbordement sur des chalands pour achever les dernières étapes. Grâce à l'habileté du vieux pilote du *Sikasso*, nous arrivions sans échouage le 30 novembre à Ambidédi, tête de ligne du chemin de fer reliant le Sénégal navigable au Niger navigable; ce fut la dernière fois cette année-là qu'un monoroue réussit à remonter

EN MONOROUE SUR LE SÉNÉGAL

le fleuve aussi haut. Le même jour, un train spécial nous amenait à Kayes.

En cours de route, j'avais, aidé des conseils de M. Clozel, décidé de visiter les chefs-lieux de cercle ou de poste ci-après : Kayes, Bafoulabé, Kita, Bamako-Koulouba, Koulikoro, Ségou, Djenné, Bandiagara, Mopti, Niafunké, Tombouctou, Bamba, Bourem, Gao, Ansongo et Say, soit seize localités.

Après avoir achevé mes travaux à Kayes, je

quittais cette ville le 7 décembre, confortablement installé avec tous mes bagages, dans le wagon-salon fort aimablement mis à ma disposition par la Direction du Chemin de fer et qui fut dételé à chacun de mes arrêts et rattelé le jour de mon départ, jusqu'à Koulikoro.

J'ai effectué tout le programme que je m'étais tracé, sauf en ce qui concerne Bandiagara ; une épidémie de variole régnait alors dans la région ; particulièrement, à Bandiagara même, l'administrateur était atteint et le médecin me dissuada par télégramme de venir, ajoutant, que si je persistais dans mes intentions, il ne me laisserait pas séjourner plus de 24 heures. Il me fallait donc renoncer à regret à me rendre dans ce chef-lieu.

En ce qui concerne le territoire militaire du Niger, j'ai visité les trois postes en bordure du fleuve : Tillabéry, Niamey et Gaya.

J'avais évalué à deux mois et demi le temps nécessaire pour atteindre Gaya et je pensais être au Dahomey dans la seconde quinzaine de février 1914. Ma descente en chaland sur le Niger fut fréquemment retardée par un fort vent contraire de Nord-Est ; d'autre part, la baisse des eaux étant en avance d'un mois sur les autres années, j'eus beaucoup de mal à franchir les nombreux rapides qui existent entre Ansongo et Niamey ; à plusieurs reprises, par suite de chocs sur des rochers à fleur d'eau, mon chaland subit des avaries assez graves qui nécessitèrent le débarquement de tous mes bagages sur la berge ; ce n'est souvent que grâce au concours empressé d'indigènes des villages voisins que mes laptots réussirent à aveugler les voies d'eau qui s'étaient déclarées.

Ces diverses circonstances eurent pour conséquence de me faire arriver à Gaya, mon point terminus sur le Niger, avec près d'un mois de retard sur mes prévisions.

Le 17 mars, je quittais à Gaya le chaland sur lequel je m'étais installé le 4 février à Kabara (port de Tombouctou); je venais d'achever les 2.100 kilomètres commencés le 30 décembre 1913 à Koulikoro sur un autre chaland laissé à Tombouctou et dont la coque trop fragile n'aurait pas résisté dans les rapides. J'avais ainsi pendant 2 mois et demi, en compagnie de mon fidèle cuisinier et de mes 10 braves laptots, tantôt à la perche ou à la pagaye, tantôt à la voile, mené sur ma maison flottante une existence pleine d'attraits et offrant quelque contraste avec ma vie de rond-de-cuir du Pavillon de Flore et de la rue Oudinot.

C'est le 17 mars, qu'après avoir traversé une dernière fois le Niger je mettais le pied sur le sol dahoméen, me rappelant non sans une certaine émotion que dix-sept ans auparavant, en avril 1897, j'avais débarqué dans cette même colonie du Dahomey, mais à l'autre extrémité, à Cotonou, alors que je faisais comme administrateur mes débuts dans la carrière coloniale. A cette époque, le Dahomey ne s'étendait pas jusqu'au Niger; la possession de la Boucle était convoitée par l'Angleterre, la France et l'Allemagne; à coups de fusil ou de traités avec les chefs indigènes, l'opération devait se terminer à notre satisfaction par la convention du 14 juin 1898.

Que de progrès réalisés depuis! Un poteau indicateur, avec la mention : « Le Niger, Cotonou 749 kilomètres, Savé 488 kilomètres », m'en dit long à ce sujet! C'est par une belle route de 8 mètres de large, avec fossés des deux côtés pour l'écoulement des eaux, que je gagne en hamac le caravansérail de Bodjécali où je passerai la nuit. Le lendemain 18, j'atteignais le poste administratif de Guéné où je commençais mes travaux.

Grâce à l'excellent fonctionnement du service automobile qui fait le plus grand honneur à l'administration locale, j'ai pu rattraper un peu le temps perdu en franchissant rapidement et sans le moindre accident la distance de 450 kilomètres qui sépare Guéné de Savé, terminus actuel du chemin de fer. J'ai visité les 12 chefs-lieux de cercle ou de poste ci-après : Guéné, Kandi, Parakou, Savé, Savalou, Abomey, Zagnanado, Allada, Cotonou, Porto-Novo, Ouidah et Grand-Popo, n'ayant laissé de côté que trois cercles :

EN CHALAND SUR LE NIGER

Kouandé, Djougou et Athiémé, situés trop en dehors des moyens rapides de communication.

Arrivé à la Côte d'Ivoire le 3 mai, j'ai tiré le meilleur emploi possible du temps qui me restait, usant des divers moyens de locomotion : voie ferrée, navigation en lagune et hamac. Dans cette colonie, les cercles sont plus vastes qu'au Dahomey, les chefs-lieux fort éloignés les uns des autres, et je n'ai pu visiter que les six cercles suivants : Grand-Bassam, les Lagunes (chef-lieu Abidjan);

le N'zi Comoë (chef-lieu Dimbokro); le Baoulé-Sud (chef-lieu Toumodi); le Baoulé-Nord (chef-lieu Bouaké) et enfin le cercle de Grand-Lahou.

Le 1er juin, je quittais la Côte d'Ivoire, et, après un séjour de 14 jours en Guinée, j'étais de retour à Dakar le 19 juin 1914. A Conakry, comme à Bingerville, Porto-Novo et Koulouba, j'ai longuement conféré avec le fonctionnaire chargé de la politique et de la justice indigène. J'ai réuni ainsi pour les régions que je n'ai pas parcourues, des indications qui, jointes aux résultats de mes investigations personnelles, me permettent d'exposer sur les juridictions indigènes les observations générales qui vont suivre.

*
* *

Valeur personnelle des magistrats indigènes. — Leur recrutement. — J'ai recueilli sur la valeur personnelle des magistrats indigènes les renseignements les plus variables. Tous sont choisis parmi les chefs ou notables les plus intelligents et les plus qualifiés et jouissant déjà d'une certaine autorité. Les musulmans sont manifestement supérieurs à tous les autres; ils connaissent parfaitement la loi coranique dont les textes précis rendent sans doute plus aisé l'accomplissement de leur tâche; certains d'entre eux sont tout à fait remarquables. J'en citerai comme exemple le cadi de Tombouctou, Ahmed Baba, dont les avis éclairés sont des plus précieux pour l'adjoint au commandant de cercle qui préside le tribunal de subdivision.

Parmi les magistrats non musulmans, un très petit nombre ont une valeur réelle, les autres une valeur suffisante ou à peine suffisante; les défauts les plus caractérisés sont l'hésitation dans l'application des coutumes qui sont souvent, il est vrai, assez imprécises et, d'autre part, le manque

absolu de proportionnalité des infractions et des
peines sur lequel j'aurai occasion de revenir plus
loin. Dans certains cas, les magistrats se laisseront influencer par le nombre des témoins et don-
neront gain de cause à celle des deux parties
ayant amené le plus de témoins. Les affaires sont
instruites superficiellement, les débats mal di-
rigés; l'administrateur est obligé de guider le
magistrat indigène, sans quoi, trop souvent, le
jugement rendu devrait faire l'objet d'un appel.

La diversité des races habitant une même région, la variété des dialectes constituent, il faut
le reconnaître, des obstacles qui ne sont pas toujours faciles à surmonter.

Dans la région militaire de Tombouctou et dans
le territoire militaire du Niger, les assesseurs sédentaires sont généralement convenables; les
assesseurs nomades sont beaucoup plus difficiles
à recruter.

Les magistrats indigènes jouissent tous, à peu
près indistinctement, de toute la considération
désirable. Etant choisis parmi les chefs ou notables, ils ont déjà l'autorité résultant de leurs
fonctions politiques ou de leur position sociale à
laquelle vient s'ajouter le prestige de l'appareil
judiciaire toujours considérable sur nos populations africaines. Les imperfections signalées plus
haut, les lenteurs de l'instruction, les hésitations
dans l'application des coutumes échappent au justiciable qui ne voit dans les membres du tribunal que des chefs dont le rôle est de régler les
différends ou de punir les fautes commises.

Sauf en ce qui concerne certains assesseurs nomades, tous les administrateurs sont unanimes
à reconnaître le dévouement des magistrats; si
les capacités leur font quelquefois défaut, leur
bonne volonté et leur zèle sont incontestables:
c'est sans la moindre contrainte qu'ils viennent
aux audiences ou se rendent aux convocations qui

leur sont adressées. Ils déploient les efforts les plus louables pour l'accomplissement de leur mandat, dont ils sont d'ailleurs plutôt fiers.

Chaque fois que les circonstances me l'ont permis, j'ai assisté aux audiences ; j'ai pu me rendre compte de l'attention soutenue qu'ils prêtent aux débats et du soin qu'ils apportent, dans leurs délibérations.

Dans les cercles les plus vastes du Haut-Sénégal-Niger, il n'est pas douteux que certains chefs continuent à rendre la justice en dehors de nous, mais rarement en matière répressive. Les indigènes, hésitant à franchir les distances considérables qui les séparent du tribunal de subdivision s'adressent de préférence à leur chef pour régler leurs discussions ; pendant la période des hautes eaux, certains cercles, tels que celui de Niafunké, sont aux trois quarts submergés et toute surveillance est rendue fort difficile en raison de la précarité des moyens de communication sur les divers bras du fleuve ou les marigots qui s'y jettent. Dans les tribunaux comportant des assesseurs nomades, ces derniers ne sont presque jamais convoqués, parce que les justiciables nomades n'apportent pas leurs affaires.

J'ai fait des constatations analogues au Dahomey où plusieurs administrateurs ont remarqué que les secteurs éloignés du siège des tribunaux ne produisaient jamais d'affaires ; au cours de leurs tournées, ils ont questionné les chefs qui ont toujours nié s'occuper de justice, les enquêtes tentées sont demeurées infructueuses.

A la Côte d'Ivoire, des féticheurs influents rendraient encore la justice dans certaines contrées difficiles à contrôler.

Les moyens de remédier à ces abus seraient les suivants : redoublement de surveillance dans les régions suspectes et sanctions très sévères contre les chefs reconnus coupables ; augmentation du

nombre des postes dans les cercles les plus vastes ;
institution d'audiences foraines coïncidant avec
les tournées des administrateurs ou chefs de
poste, de manière à amener la justice au milieu
de nos administrés qui ne viennent pas à elle.

La question de la rétribution des magistrats
indigènes a retenu mon attention. Ils reçoivent
dans certaines colonies de maigres indemnités
variant entre 0 fr. 75 et 3 francs par journée d'audience ; dans d'autres colonies, de simples grati-
fications leur sont allouées à certaines époques de
l'année.

J'estime qu'un système uniforme devrait être
adopté sur les bases suivantes :

Une indemnité par journée d'audience ;
Une indemnité par journée de déplacement ;

Les taux étant fixés dans chaque colonie pro-
portionnellement aux besoins de la vie.

Rien ne serait plus équitable que le principe
de cette rémunération largement calculée qui
permettrait d'ailleurs de demander davantage
aux magistrats.

Rôle judiciaire des chefs de village. — Le rôle
judiciaire des chefs de village dans la pratique
est bien loin en général de répondre à ce qu'il
devrait être suivant l'article 3 du décret du 16 août
1912 (conciliation) et cela tient surtout au
manque d'autorité de beaucoup de chefs. Dans
telles régions, les notables aisés qui pourraient faire
de bons chefs déclinent cet honneur, font nommer
un habitant de leur choix qu'ils dirigent à leur
gré ; de cette manière ils ont les avantages du
commandement sans en avoir les obligations ; le
chef du village n'est alors qu'un fantoche n'inspi-
rant aucune confiance aux justiciables qui se gar-
deraient bien d'aller le trouver. Dans d'autres
régions, le chef du village a tendance à trafiquer.

de ses fonctions et les indigènes hésitent à avoir recours à son arbitrage.

C'est à la Côte d'Ivoire que le rôle de conciliateur du chef de village est le moins observé; les habitants ont l'esprit très indépendant; dès qu'ils ont quelques ressources, leur désir est, dans bien des régions, de s'affranchir de toute autorité en quittant le village pour former des groupements isolés. Les Baoulés, par exemple, n'ont jamais obéi avant notre domination, qu'à des chefs de guerre qui souvent les entraînaient dans des expéditions contre le gré des chefs de tribu Les chefs de guerre ont disparu, mais l'autorité des chefs de tribu ou de village n'a pas encore pris consistance; elle ne s'affirmera qu'à mesure du développement de l'organisation politique qui se poursuit actuellement.

Il y a un réel intérêt à renforcer ce rôle de magistrat conciliateur du chef de village et cela à un double point de vue.

L'indigène, en prenant plus fréquemment le chemin de la case de son chef pour régler ses différends en matière de justice, s'habituera plus facilement à le considérer comme un véritable chef, le prestige et l'autorité de ce dernier, même dans l'ordre politique, ne pourront qu'y gagner.

D'autre part, toutes les affaires réglées en conciliation par les chefs de village déchargeront d'autant les tribunaux de subdivision.

J'ai déclaré aux magistrats indigènes, en présence des administrateurs, qu'ils devaient énergiquement refuser d'entendre les justiciables qui ne seraient pas d'abord allés trouver le chef de village, ajoutant que c'est seulement après échec de la tentative de conciliation que les parties pouvaient porter le litige devant le tribunal de subdivision.

J'en ai profité pour rappeler incidemment aux administrateurs l'intérêt qui s'attachait à ce que, quand la sentence du chef de village est acceptée par les deux parties, elle fasse autant que possible l'objet d'une convention écrite conformément aux termes du décret du 2 mai 1906.

Recrutement et rôle des secrétaires. — Aux termes de l'article 34 du décret du 16 août 1912, les fonctions de greffier n'existent pas auprès des tribunaux de subdivision ni des tribunaux de cercle. Les présidents peuvent être assistés d'un secrétaire pour la rédaction matérielle des jugements et des notes d'audience, la tenue du registre de transcription des jugements et la délivrance des expéditions aux parties.

Les instructions du 22 septembre 1913 portent que « le secrétaire sera un indigène connaissant suffisamment la langue française ou un fonctionnaire français. Il devra, sous peine d'engager gravement sa responsabilité, se limiter à l'exercice de ses fonctions de scribe et ne pas intervenir dans les débats ; il ne pourra que donner des renseignements sur les formalités à observer ; s'il constate des abus, il en informera son chef hiérarchique. »

Quand j'ai commencé ma tournée en décembre 1913 dans la colonie du Haut-Sénégal-Niger, ces instructions n'avaient pas encore été distribuées et j'ai cherché à savoir comment les administrateurs avaient pratiqué depuis la promulgation du décret.

Pour le tribunal de cercle, tous ont comme secrétaire un de leurs collaborateurs européens qui se limite étroitement à l'exercice de ses fonctions de scribe.

Pour le tribunal de subdivision, les uns ont fait choix de l'interprète ou d'un expéditionnaire indigène du poste ; les autres d'un fonctionnaire européen. Très rarement, le secrétaire indigène est capable de rédiger un jugement tout seul, sous travail doit être revu par l'administrateur ou plutôt par le fonctionnaire européen du poste désigné à cet effet par l'administrateur. Je dois ajouter que, aucune indemnité n'étant allouée pour ce travail supplémentaire, les interprètes le font sans goût et sans beaucoup de zèle.

Quand le secrétaire est européen, il arrive que, par suite de la multiplicité de ses fonctions et la pénurie de personnel, il lui est souvent matériellement impossible d'assister aux séances ; alors le président, assisté de l'interprète qui a pris des notes, vient à l'issue de l'audience rendre compte de ce qui s'est passé au secrétaire, en présence des assesseurs et des parties intéressées ; le jugement est ensuite rédigé par ce fonctionnaire.

Il reste à examiner le cas où le secrétaire européen assiste régulièrement aux séances au cours desquelles il doit se confiner dans le rôle de scribe, ne pas intervenir dans les débats et donner seulement des renseignements sur les formalités à observer.

Il est indéniable que, sur ce point, les instructions ne sont pas et ne peuvent guère être observées à la lettre. J'ai assisté à de nombreuses séances ; j'ai pu constater que les présidents se trouvant embarrassés s'adressent fréquemment au secrétaire européen qui ne peut réellement pas se dérober, les magistrats indigènes ne le comprendraient pas.

D'autre part, j'ai l'impression que la présence d'un secrétaire européen au sein d'un tribunal présidé par un indigène met le Blanc dans un état d'infériorité qui n'échappe pas à la masse ; les justiciables se rendent parfaitement compte que le secrétaire est le subordonné du président. En répondant aux juges et en ayant ainsi l'apparence de prendre part aux débats et de jouer un rôle, l'Européen sauvegarde au moins sa dignité. Tous ceux qui ont vécu quelque temps au milieu

des populations africaines partageront mon sentiment, car ils savent qu'aucun détail n'est à négliger pour le maintien du prestige du Blanc qui
joue un rôle si important dans les questions de
politique et d'administration indigènes.

Dans les tribunaux de subdivision de la région
de Tombouctou et du territoire militaire du Niger,
la question du secrétaire ne se pose pas, puisque
le président est européen et qu'il rédige lui-
même ses jugements.

En résumé, lorsque, par suite du développement de l'instruction, nous aurons dans nos diverses colonies des éléments convenables, on
pourra envisager l'organisation d'un corps spécial
de secrétaires comme au Sénégal, d'autant plus
qu'à cette époque nous aurons également des
magistrats d'un niveau plus élevé et capables de
rester livrés à eux-mêmes.

Pour de longues années encore, le secrétaire
européen sera, à mon avis, utile au fonctionnement du tribunal de subdivision; nous avons
remis aux indigènes le soin d'appliquer et d'interpréter les coutumes locales, nous avons voulu
nous montrer scrupuleusement respectueux de
l'indépendance des juges, mais nous n'avons pas
encore eu le temps de perfectionner leur éducation Il est donc inévitable, je dirai même indispensable, que le secrétaire européen sorte de son
rôle de scribe, son immixtion n'offre d'ailleurs
que des avantages : guider les magistrats indigènes pour arriver à un meilleur rendement de la
justice et, d'autre part, conserver le prestige du
Blanc dont nous avons tant besoin.

Tribunaux ethniques. — Dans le but de garantir le respect de leurs coutumes à tous les indigènes d'une même colonie, le décret a prévu en
son article 6 l'institution de tribunaux de subdivision spéciaux pour tout groupement ethnique

ayant ses coutumes propres et habitant une région déterminée. Ces tribunaux connaissent :

En matière civile et commerciale, des litiges où soit toutes les parties en cause, soit le défendeur seulement appartiennent audit groupement ;

En matière répressive, des infractions à la charge des prévenus appartenant exclusivement audit groupement.

Les instructions du 22 septembre 1913 ont précisé cet article en spécifiant que les tribunaux qui font l'application de la coutume seront composés de juges suivant la même coutume que les parties qui viennent devant eux ou que les prévenus qui leur sont déférés. Chaque groupement ethnique ayant ses coutumes propres doit être jugé par des magistrats choisis dans son sein.

Deux cas sont ensuite envisagés pour la création de ces tribunaux spéciaux :

1° Des races diverses occupent le même territoire : des tribunaux spéciaux peuvent coexister sur ce territoire, chacun jugeant les justiciables relevant de la coutume qu'il applique, chacun ayant sa liste de notables, chacun exerçant sa juridiction sur une région déterminée. Si les prévenus appartiennent à des groupements ethniques régis par des coutumes différentes, la représentation de leur statut dans la composition du tribunal est assurée par la nomination d'assesseurs *ad hoc*.

2° Lorsque les indigènes appartenant à une autre race ne forment pas une collectivité organisée ou un groupe assez compact pour justifier la création d'un tribunal spécial, ils sont jugés par le tribunal du lieu de leur résidence, avec substitution de un ou de deux assesseurs *ad hoc :* deux, si les parties en cause sont de même statut ; un, dans le cas contraire.

Pour les tribunaux de cercle, il y aura autant de listes d'assesseurs, chacune de quatre notables au moins, qu'il y aura dans le cercle de groupements ethniques pourvus de tribunaux de subdivision.

Tel est le principe garantissant le respect de leurs coutumes à tous les indigènes indistinctement.

Il m'a paru que, si l'application n'en souffre point de difficultés dans bien des régions, il n'en serait pas de même dans toutes nos colonies en raison de la diversité des races possédant chacune leurs coutumes, en raison de la mobilité de certaines populations ou de l'état social encore rudimentaire de quelques tribus.

Cette remarque m'a été suggérée **pendant** mon séjour à la Côte d'Ivoire à propos notamment du cercle de Lagunes qui peut être pris comme type. Sa population comprend en effet :

1° Les races aborigènes suivantes :

Sur la côte : Abourès et Alladians; sur les lagunes : Mbatos, Ebriés, Adioukrous et Brignans; dans l'intérieur : Attiès, Abbeys et Abidjis;

2° Des représentants des principaux groupements ethniques suivants, dans les centres de Bingerville et d'Abidjan : Agnis, Baoulés, Senoufos, Djiminis, Pallakas, Mandingues, Mouas, Krowmen, Echès;

3° Enfin des étrangers à la colonie : Sénégalais, Dahoméens, Gabonais, Fantis, Zemas, Haoussas, Dyoulas et aussi des Sierra-Léonais.

Chacune de ces races a ses coutumes propres; parmi ces individus, certains sont de statut musulman et d'autres de statut non musulman.

Ainsi, pour cette circonscription, le tribunal de cercle devrait comprendre pour les seuls indigènes neuf séries d'assesseurs domiciliés loin d'Abidjan; il en résulterait de réelles difficultés pour les convocations, des lenteurs excessives et des frais assez élevés chaque fois qu'il y aurait lieu de réunir le tribunal.

En ce qui concerne les étrangers au cercle, il ne saurait être question de créer des tribunaux de subdivision spéciaux pour chacune des races. Les villes et les postes n'en compteraient pas moins de dix-sept! Il conviendrait donc de ne constituer que des tribunaux représentant les principales races : Sénégalais, Zémas, Mandés et Dyoualas (statut musulman et non musulman) et enfin de désigner des assesseurs *ad hoc* dans les autres cas.

D'autre part, il ne faut pas perdre de vue que ces désignations de magistrats choisis dans une population essentiellement flottante n'offrent que des garanties de moralité très relatives; il serait donc préférable que, pour les races à faible effectif et les nomades ou flottants, on prît des juges dans le groupement local le plus répandu ou le plus influent. Rien en cela ne saurait choquer l'équité. Que se passe-t-il en effet en Europe en pareil cas ?

Lorsqu'un étranger s'infiltre dans une nation, il se soumet de ce fait même au statut social et aux lois pénales des sujets qui l'entourent et l'absorbent en quelque sorte. En multipliant les catégories à l'infini, nous risquerions d'assurer au moindre égaré ou fugitif les mêmes garanties que celles données aux Sénégalais des quatre communes, qui, eux au moins, sont éprouvés depuis de longues années et ont des titres à notre mansuétude.

En présence de ces difficultés que je viens d'exposer pour la Côte d'Ivoire et qui peuvent se présenter dans d'autres colonies où existent également des cercles composés de populations extrêmement variées, je crois qu'il serait sage pour la création des tribunaux ethniques envisagés à l'article 6 d'adopter la solution suivante qui se rapprocherait autant qu'il est possible de l'idéal proposé :

1° *Tribunaux de subdivision :*

a) Création de tribunaux spéciaux pour les principales races aborigènes;

b) Création de tribunaux spéciaux pour les principales races étrangères :

c) Pour les autres races, désignation d'assesseurs *ad hoc* lorsque la chose sera possible.

2° *Tribunaux de cercle :*

a) Nomination d'autant de séries de notables qu'il y aura de tribunaux de subdivision ordinaires ou spéciaux;

b) Désignation d'assesseurs *ad hoc* pour les autres groupements lorsque la chose sera possible.

Tribunaux d'arbitrage. — Nos limites administratives ne correspondent pas toujours parfaitement aux anciens groupements indigènes ; aussi, s'élève-t-il assez souvent des contestations territoriales entre les indigènes de deux cercles ou postes voisins.

S'il appartient à l'autorité administrative de trancher ces différends au point de vue géographique, les tribunaux indigènes ont cependant à connaître d'actions civiles ou pénales dont le règlement peut devenir assez délicat; il est par exemple difficile aux juges d'observer une stricte impartialité vis-à-vis de justiciables appartenant à une subdivision voisine de la leur. Dans le cas d'une action judiciaire intéressant des villages limitrophes de deux cercles, il y aurait, semble-t-il, avantage à décider que l'affaire serait soumise à une sorte de tribunal d'arbitrage comprenant un juge appartenant au cercle du défendeur, un juge appartenant au cercle du demandeur et, comme président, un fonctionnaire désigné par le chef de la colonie.

Moyens de défense des justiciables. Recours à l'appel. — On peut dire que la défense des accusés, ainsi que la représentation des parties empêchées ou incapables, sont partout assurées de la manière la plus satisfaisante. Nos indigènes d'Afrique ont l'amour du palabre et se défendent presque toujours eux-mêmes; ceux qui craignent de ne pas s'exprimer convenablement se font assister par un parent ou un notable du lieu de leur domicile dont la qualité est reconnue par le tribunal.

Quelques indigènes possédant un peu d'instruction ont tenté, au Dahomey par exemple, le métier d'agents d'affaires et s'interposaient nettement entre les juridictions et les justiciables auxquels ils extorquaient des fonds, demandant des prix démesurés pour la rédaction des requêtes les plus simples; ils ne tardèrent pas à disparaître, l'administration locale ayant pris les mesures nécessaires pour faire comprendre à chacun que, la justice étant gratuite, il suffisait de s'adresser directement aux tribunaux au lieu d'avoir recours à des intermédiaires onéreux. Le gouverneur de la colonie a sagement rappelé ces dispositions au cours de la séance du Conseil d'administration du 13 octobre 1915. A propos de la réorganisation du régime des patentes et licences, il a nettement déclaré que la suppression de la profession d'agent d'affaires s'imposait en raison des conditions dans lesquelles elle avait été pratiquée jusqu'alors.

Nos indigènes n'abusent pas de l'appel, ils n'y ont que rarement recours et exclusivement en matière civile et commerciale.

Ce résultat doit être attribué aux causes suivantes :

Le fait que, malgré l'insuffisance des magistrats en général, les jugements sont bien rendus grâce au concours des fonctionnaires; le respect de la chose jugée par des magistrats qui sont en même temps des chefs auxquels on doit par ailleurs obéissance ; les ennuis et les frais d'un dérangement pour venir au chef-lieu de cercle parfois très éloigné. Il y a enfin la crainte de l'amende, en cas d'appel injustifié.

J'ai fait, dans les tribunaux de subdivision présidés par des Européens, des constatations d'un autre ordre. La plupart du temps l'indigène dans ces régions ne se rend pas un compte exact de la voie de recours qui lui est offerte. Il a accepté la sentence rendue par un Blanc qui, dans son esprit simpliste, n'a pas dû se tromper et il est surpris d'apprendre qu'un autre Blanc peut détruire le premier jugement. Il en résulte là une atteinte assez fâcheuse portée à notre prestige en général ; sans doute cet inconvénient disparaîtra à mesure que se transformera la mentalité des indigènes.

Moyens d'instruction. — Poursuite, recherche et constatation des infractions. — Exécution des jugements. — Comme moyens propres pour faciliter l'instruction des affaires, les administrateurs disposent de gardes de cercle, d'agents de police et quelquefois d'agents secrets ; ces moyens tout à fait insuffisants sont complétés par les autorités indigènes dont le concours est plus ou moins efficace suivant les régions. Dans nombre de pays musulmans, par solidarité de races, les coupables ne sont pas dénoncés et sont plutôt cachés ; dans d'autres endroits, les chefs dissimulent le délinquant, moyennant des versements d'argent et ne le livreront que le jour où les paiements cessent. Quelquefois, c'est par crainte de représailles que des chefs manqueront de seconder l'œuvre de la justice, notamment en cas d'évasion de prisonniers réfugiés dans leur pays d'origine ; d'autres chefs considèrent que, quelle que soit la durée du temps passé sous les verroux, l'évadé a, somme toute, expié sa faute et ils ne se croient pas obligés en conscience de le remettre entre les mains de l'administrateur.

Au Dahomey, le voisinage des frontières allemande et anglaise a rendu très difficiles la re-recherche et l'arrestation des coupables ou des évadés; heureusement on rencontre dans cette colonie beaucoup de dévouement et d'activité chez les chefs indigènes pour les affaires de justice.

Dans beaucoup de cercles de la Côte d'Ivoire, lorsqu'un indigène commet un crime ou une faute grave, la coutume veut que les notables du village assument la responsabilité de livrer le coupable à la justice; c'est une tradition que les administrateurs s'efforcent avec raison de maintenir; on a recours aussi à l'occasion aux plus intelligents des « représentants » des villages qui, se tenant en permanence au chef-lieu de cercle à la disposition de l'administrateur pour les relations avec les chefs, deviennent des auxiliaires assez précieux à la fois dans l'ordre administratif et dans l'ordre judiciaire.

L'ensemble de cet outillage comme moyens d'instruction est loin d'être parfait; entre autres moyens de le perfectionner, on peut envisager l'augmentation du nombre des gardes de cercle ou agents de police et l'amélioration de l'éducation des chefs qui ne sont pas partout suffisamment préparés à l'accomplissement de la besogne que nous leur demandons.

En matière civile, l'exécution des jugements s'effectue sans difficultés; rarement il y a lieu d'en arriver à la saisie et à la vente de la partie perdante; dans ce cas pourtant, la procédure en usage peut garantir l'affectation intégrale des fonds à leur destination. Dans la pratique, lorsqu'un justiciable est menacé de cette extrémité, la famille intervient presque toujours et un arrangement amiable a lieu. Les biens immobiliers des indigènes n'ont quelque valeur que dans les grands centres ; les seuls biens susceptibles d'être réalisés utilement sont des troupeaux dans les pays d'élevage, ou les récoltes partout ailleurs, mais les parties intéressées parviennent généralement à se mettre d'accord par des partages.

Proportionnalité dans l'estimation des infractions et l'application des peines. — Nous touchons ici au défaut le plus répandu et peut-être le plus grave qui existe chez tous les magistrats indigènes à quelques rares exceptions près.

Quelques-uns savent, je dois le reconnaître, tenir compte des circonstances dans lesquelles la faute a été commise ; ils traiteront différemment le récidiviste et le débutant, distingueront un vol commis le jour d'un autre commis la nuit ; des vols répétés à courte distance dans une même région les amèneront à se montrer plus sévères ; des vols d'aliments de première nécessité dans une région en proie à la famine les pousseront à quelque indulgence.

En revanche, ils se laisseront émouvoir par les contingences. J'ai exposé précédemment que le grand nombre de témoins produit par une des parties en cause les impressionnait d'une manière regrettable ; trop souvent aussi, leurs décisions se ressentent de l'influence exercée par la position sociale du prévenu.

Quant à la proportionnalité même des peines, je ne dois pas dissimuler que, sans l'ingérence de l'Européen, elle ne serait presque jamais observée. Les juges éprouvent une réelle difficulté surtout à évaluer le nombre de journées ou de mois d'emprisonnement devant correspondre aux peines corporelles abolies. Plusieurs administrateurs ont tenu à me faire assister à des débats dont l'issue les inquiétait à ce point de vue spécial ; chaque fois, j'ai enregistré des résultats invraisemblables. L'amputation d'une main, d'une oreille, l'extraction d'un œil ou autres mutilations étaient transformées en quinze jours, un mois de prison ! Le fonctionnaire intervenait alors et essayait une fois de plus de démontrer aux juges pourquoi la peine devait être portée à deux ou trois ans de prison ; ils convenaient que c'était plus équitable, mais devaient, paraît-il, retomber dans la même incohérence à la première occasion.

Cette persistance dans les mêmes fautes ne peut s'expliquer à mon sens que par suite d'une organisation mentale particulière. Quiconque a vécu quelque temps en contact avec nos indigènes et prend la peine de les observer, arrive rapidement à leur découvrir des imperfections telles que les suivantes : ils ne savent pas apprécier la valeur du temps pas plus que les distances; ils sont réfractaires à tout travail exigeant un peu de symétrie ; ils sont incapables de tracer dans le sens de la ligne droite les sillons de leurs champs ; incapables de mettre une nappe d'aplomb sur une table, de disposer un tapis par terre parallèlement aux murs d'une pièce.

Je m'excuse de la trivialité des exemples choisis, mais je suis convaincu que cette absence totale de notion de la proportionnalité des infractions et des peines est, dans l'organisation cérébrale des indigènes, une lacune du même genre que celle que je viens de dépeindre.

Des esprits moroses pourraient dire qu'après tout — et je ne les contredirais point — nos jurys de France prononcent quelquefois des verdicts déconcertants, sans avoir l'excuse des imperfections physiques de nos indigènes !

Contestations en matière commerciale. — Partout les règles coutumières permettent de trancher d'une manière satisfaisante les contestations auxquelles donnent lieu les opérations commerciales. Ces contestations ont la plupart du temps comme origine des abus de confiance, des paiements en retard pour des achats ou des dépôts de marchandise. Les indigènes sont très indulgents entre eux en pareille matière; le débiteur est considéré comme ayant été poursuivi par le malheur, il a l'éternité pour payer et désintéresser son créancier. Conformément aux coutumes, des délais sont accordés; si les engagements ne sont pas tenus ou tenus seulement en partie, les délais sont renouvelés; quelquefois, les familles interviennent pour aider le débiteur à se libérer. Aussi ne sommes-nous pas à la veille d'étendre aux indigènes notre législation, notamment en ce qui concerne les effets de commerce et la faillite.

Greffes. Dépôts de fonds en litige. — Il n'existe pas de greffes officiellement constitués dans les postes; les administrateurs tiennent le plus souvent une comptabilité sommaire des objets laissés par les prisonniers à leur entrée en prison. Outre que ce n'est pas une mesure appliquée partout, il y a lieu de considérer que la responsabilité personnelle du fonctionnaire chargé de cette sorte de greffe n'est nullement dégagée par une comptabilité purement officieuse.

D'autre part, les administrateurs sont parfois obligés de détenir par-devers eux des sommes assez importantes provenant de successions, d'acomptes payés par des débiteurs en exécution d'un jugement et non encaissés par le créancier par suite de refus ou d'absence de ce dernier; enfin de versements à titres divers.

Deux solutions se présentent :

Faire déposer la somme apportée au poste entre les mains d'un chef ou d'un notable solvable préalablement désigné par le tribunal; ou orga-

niser dans chaque cercle une sorte de Caisse de
dépôts et consignations tenue par l'agent spécial,
à défaut de préposé du Trésor.

La première est assez séduisante surtout en
l'état actuel de la pénurie du personnel subalterne
dont les trop rares agents sont déjà surchargés de
travail. La seconde a l'avantage d'offrir pour les
intéressés toutes les garanties désirables. Il incombe à l'administration locale d'examiner la
question.

**Locaux affectés à la justice indigène. Tenue des
audiences.** — Dans beaucoup de postes. les audiences des tribunaux de subdivision se tiennent
en plein air, tantôt sur la place publique, tantôt
sous des arbres, à proximité ou dans l'enceinte de

TRIBUNAL DE SUBDIVISION DE DJENNÉ

SORTIE DES MAGISTRATS ET DES PLAIDEURS APRÈS UNE AUDIENCE

la Résidence ; c'est assurément l'idéal comme publicité, mais cèla ne va pas sans inconvénients, en
raison notamment des intempéries, auquel cas le

tribunal errant se réfugie sous des apatams ou sous les vérandas des bâtiments administratifs.

Cette situation est appelée à s'améliorer, car

UNE AUDIENCE DU TRIBUNAL DE SUBDIVISION EN PLEIN AIR
A NIAFUNKÉ (HAUT-SÉNÉGAL ET NIGER)

lors de mon voyage j'ai vu dans divers postes des cases en construction pour la justice indigène ; dans d'autres postes, il existait des projets qui ont dû être ou ne tarderont pas à être mis à exécution.

Cette question a son importance ; en effet, nos magistrats indigènes doivent être chez eux, tel est l'esprit du décret du 16 août 1912, et l'existence d'une « maison de la justice », indépendante de la Résidence, est bien faite pour démontrer matériellement ce principe aux justiciables. Il n'est pas douteux, c'est du moins l'avis de beaucoup d'administrateurs, que c'est un moyen efficace de rendre partout les auditoires plus nombreux. Or, nous ne devons perdre aucune occasion de faire comprendre à nos sujets que nous entendons que la justice soit rendue au grand jour, sous les yeux de tous, avec le maximum de garanties; nous avons, d'autre part, intérêt au point de vue de l'exemplarité, à les attirer toujours en plus grand nombre devant les tribunaux. La plus grande publicité est, dès maintenant, donnée aux audiences, mais nous devons arriver à des résultats plus satisfaisants.

Certains administrateurs considèrent qu'on pourrait impressionner l'auditoire et rehausser en même temps le prestige des magistrats, en leur donnant une tenue; une tentative de ce genre a été faite pour les assesseurs d'un tribunal de cercle, qui sont revêtus d'une robe et d'une toque ressemblant à celle de nos magistrats.

Je ne conteste pas l'efficacité du procédé; cependant, pour qu'il porte ses fruits, il serait bon que ces tenues fussent toujours propres et renouvelées même, quand le besoin s'en fait sentir; or, les faibles crédits attribués aux frais de justice ne le permettraient peut-être pas partout.

Installations des prisons. — J'ai visité toutes les prisons et j'ai trouvé les installations les plus variables, ce qui n'a rien de surprenant étant donné que l'initiative en a été complètement laissée aux administrateurs qui se sont acquittés de cette tâche suivant leurs aptitudes et suivant les ressources locales dont ils disposaient; si l'on tient compte des crédits extrêmement réduits alloués à cet effet, les résultats sont généralement satisfaisants; en ce cas, comme dans bien d'autres aux colonies, il est permis de dire qu'on a tout fait avec rien. Il convient cependant de faire exception pour la prison de Conakry qui peut être donnée pour modèle ainsi que le pénitencier de Fotoba aux îles de Los (Guinée).

L'ensemble des observations que j'ai recueillies me permet de conclure à la nécessité d'abandonner complètement le modèle de prison consistant en une simple case isolée sans aucun mur d'enceinte et sans tenir compte des précautions d'hygiène les plus élémentaires. Sans vouloir préconiser une uniformité absolue dont l'exécution pourrait rencontrer parfois des difficultés d'exécution, j'estime que toutes les prisons devraient se rapprocher du type suivant qui n'est que la description de celles qui m'ont paru les mieux appropriées et parmi lesquelles je citerai celle d'Allada au Dahomey.

Un mur d'enceinte assez élevé pour empêcher les évasions. Une vaste cour permettant aux détenus d'y manger et de prendre l'air pendant les heures ou les jours de repos. Des bâtiments disposés en fer à cheval faisant face à l'entrée. Le nombre et la dimension des bâtiments seraient proportionnés aux besoins du poste ; les pièces devraient avoir une hauteur suffisante pour que des ouvertures d'aération sur tous les murs fussent pratiquées hors de portée des détenus ; le sol devrait, autant que possible, être cimenté afin d'être lavé à grande eau tous les jours.

Il serait préférable de séparer les détenus condamnés à des peines disciplinaires de ceux condamnés à de longues peines ; il importerait de réserver un local spécial pour les femmes, un pour les malades, quelques cellules pour les prisonniers dangereux ; à droite et à gauche de la porte d'entrée devraient se trouver le corps de garde, la cuisine, un hangar pour les ablutions et le lavage des effets.

J'ai partout vérifié dans quelles conditions était assurée l'alimentation des prisonniers. Dans beaucoup d'endroits, c'est à l'entreprise ; dans d'autres, la cuisine est faite à l'intérieur par un détenu ou une détenue sous la surveillance du régisseur de l'établissement ; dans d'autres encore, la subsistance est distribuée en espèces ; des femmes sont autorisées à l'heure des repas à s'approcher de la prison et à vendre, sous la surveillance des gardes, des aliments aux prisonniers qui se nourrissent à leur guise. Ce dernier système est pratiqué, à la satisfaction des intéressés, dans les prisons contenant des indigènes de diverses races ayant des habitudes et des goûts différents ; il ne peut d'ailleurs être toléré qu'avec des détenus peu nombreux, dociles et faciles à surveiller.

*
* *

Pour conclure cette courte étude sur le fonctionnement de la justice, il faut retenir que, malgré mes remarques parfois un peu sévères sur leur valeur et leur rôle, les magistrats indigènes ne doivent pas moins dans l'ensemble être appréciés en raison de la bonne volonté et du dévouement qu'ils apportent dans l'accomplissement de leurs délicates fonctions. Il nous appartient, tout en respectant leur indépendance, de les guider et de tirer le meilleur parti possible des excellentes dispositions de ces juges dont le recrutement ne peut d'ailleurs aller qu'en s'élevant. Les deux dernières années écoulées ont permis de constater déjà de réels progrès ; ils ne peuvent que s'accentuer et amener ainsi une application de plus en plus satisfaisante du décret du 16 août 1912.

*
* *

Il me reste, d'autre part, un devoir bien agréable à remplir : celui de reconnaître le très aimable accueil que j'ai reçu de MM. les gouverneurs qui ont pris toutes les dispositions nécessaires en vue de mes moyens de transport et n'ont rien négligé pour faciliter en tout l'accomplissement de ma mission. Je n'ai eu qu'à me louer de mes relations avec les autorités civiles

et militaires, ainsi d'ailleurs qu'avec les chefs indigènes qui se sont partout montrés très déférents,
très empressés, particulièrement dans la vallée du
Niger où je les ai si souvent mis à contribution
dans les moments difficiles de mon voyage.

Enfin, je dois exprimer toute ma gratitude aux
administrateurs, en particulier pour la parfaite
courtoisie avec laquelle ils ont partout reçu leur
ancien collègue qui fut heureux de partager avec
eux la vie si intéressante de la brousse africaine
et conservera de ces heures de collaboration si
cordiale un souvenir ineffaçable.

PARIS. — IMPRIMERIE LEVÉ, RUE CASSETTE, 17.

COMITÉ DE L'AFRIQUE FRANÇAISE

Président : M. JONNART, député, ancien gouverneur général de l'Algérie.

Vice-présidents : Eugène ETIENNE, député, ancien ministre, et Ernest ROUME, gouverneur général honoraire des Colonies.

Trésorier : M. René FOURET.

Secrétaire général : M. Auguste TERRIER.

Secrétaire : M. Robert de CAIX.

Siège du Comité : **21, rue Cassette, Paris (6ᵉ).**

Tout Français souscripteur d'une somme au moins égale à 20 francs devient adhérent du Comité de l'Afrique Française et reçoit le *Bulletin* mensuel du Comité. Le minimum de cotisation est fixé à 15 francs pour les fonctionnaires coloniaux, l'armée et l'enseignement.

L'objet des souscriptions recueillies est :

D'organiser des missions d'exploration et d'études économiques dans les régions africaines soumises ou à soumettre à notre influence;

D'aider aux missions organisées par le gouvernement ou par les associations géographiques et coloniales;

De développer l'influence française dans les pays indépendants d'Afrique;

D'encourager les travaux politiques, économiques et scientifiques relatifs à l'Afrique;

De poursuivre des études et recherches destinées à préparer ou à appuyer les établissements privés de nos nationaux dans ces régions;

De tenir les adhérents régulièrement au courant des faits concernant l'Afrique, spécialement au point de vue de l'action des nations européennes colonisatrices.

Un spécimen gratuit du Bulletin est envoyé franco à toute demande.